Dalgalanan Yemeni

The Swirling Hijaab

Na'ima bint Robert
Nilesh Mistry

Turkish Translation by Talin Altun

Annemin yemenisi siyah,
yumuşacık ve çok geniş,

My mum's hijaab is black and soft
and wide,

Bazen içinde güvenle saklanabileceğim bir kale!

A fort for me to hide inside!

Bir geminin rüzgarda
uçuşan yelkenleri,

A ship's sails flapping in the air,

Ya da kendisi yokken yanımda bir dost.

A comforter when she's not there.

Bir göçmenin çadırı,

A bedouin tent,

Bir gelinlik,

A wedding sari,

Veya pikniklerimde
kullanabileceğim bir örtü.

A cloth for my tea party.

Bir savaşçı kraliçenin pelerini,

A warrior queen's cloak,

Bir gezginin bavulu,

A nomad's baggage,

Dinlenmek istediğimde beni
ısıtıcak bir yorgan!

A blanket when I need a rest!

Ama yemeninin en
iyi yaptığı görev,
annemi inancının bir kısmı
olarak örtmek.

But covering my mum
as part of her faith
Is what the hijaab does best.

Bismillahir-Rahmanir-Raheem

For the daughters of Islam, past, present and future

N.B.R.

For Saarah, Farheen & Rayaan

N.M.

 The Swirling Hijaab is one of many sound enabled books.
Touch the circle with TalkingPEN for a list of the other titles.

First published in 2002 Mantra Lingua Ltd
Global House, 303 Ballards Lane, London N12 8NP
www.mantralingua.com

Text copyright © 2002 Na'ima bint Robert
Illustrations copyright © 2002 Nilesh Mistry
Dual language text copyright © 2002 Mantra Lingua
Audio copyright © 2008 Mantra Lingua

A CIP record for this book is available from the British Library